너의 모든 것을

사랑해

부크크 청춘시선 006
너의 모든 것을 사랑해

초판 발행 2025년 12월 31일

지은이 김지아
편집 박은혜
표지 디자인 조은주 유려
본문 디자인 조은주
저작권 이나겸 김은지
마케팅 박수호 변진경 이하영 이윤슬

펴낸곳 주식회사 부크크 | **펴낸이** 한건희
출판등록 2014.07.15.(제2014-16호)
주소 서울특별시 금천구 가산디지털1로 119 SK트윈타워 A동 305호
전자우편 info@bookk.co.kr (대표) forawriter@bookk.co.kr (마케팅, 제휴 문의)
대표전화 1670-8316
홈페이지 www.bookk.co.kr
인스타그램 @bookkcokr | **트위터** @bookkcokr

ISBN 979-11-12-11184-5
정가 10,000원

너의 모든 것을 사랑해

김지아 지음

시인의 말

너의 모든 것들을 글로 적기로 다짐했다.
그렇게나 아름다운 너의 온기를 글로
표현하지 않기엔 너무나 아쉬워서
그것이 내가 글을 쓰는 이유다.

2025년 12월
김지아

CONTENT

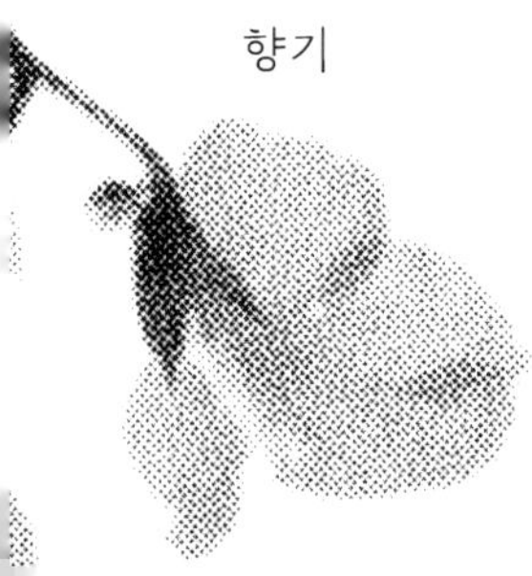

2부 흔들리는 마음

3부 이별의 계절

4부 사랑 이후에 남은 것들

1부

사랑이 시작되던 자리

빛이 머무는 자리

빛이 오래 머무는 곳을 가만히 바라보다가
문득 너를 떠올렸다

네가 한때 머물렀던 자리
아무렇지 않게 웃고
조용히 머물다 떠났던 그 자리

이유 없이 마음이 따뜻해지는 곳
소란한 마음이 잠잠해지는 곳
그곳엔 아직도 너의 흔적이 남아 있는 것 같다

그제야 알게 된다
빛이 머문다는 건

단지 밝다는 뜻이 아니라
누군가의 온기가 오래도록 남아 있다는 뜻인 것을

순애

사랑이란
무언가를 바라지 않고도
오래 머물 수 있는 마음이다

손을 잡지 않아도
말을 주고받지 않아도
그 사람이 존재하는 것만으로
마음 한편이 환해지는 감정

머무르길 강요하지 않고
멀어질 자유마저 허락하면서도
조용히 안부를 빌게 되는 마음

순수한 사랑은
어린 마음으로는 닿을 수 없고

욕심을 내려놓은 자리에서야
비로소 고요히 피어난다

그것이
나는 순애라 믿는다

봄

나에게 봄은
잠시 멈춰 숨을 고르며
내면을 돌아볼 수 있는 계절이다

갓 피어난 꽃들이
조용히 삶의 희망을 속삭이고
부드러운 바람은
무거운 마음을 천천히 풀어준다

새로운 만남과 변화의 기운이 스며드는 이 계절
그 은은한 향기 속에서
나는 다시금 나 자신과 마주한다

그래서 나는
봄을 그 무엇보다 소중히 여긴다

내면의 자신감

당신의 아름다움은 찬란했지만
그 빛 아래 나는 점점 작아졌습니다

당신의 완벽함은 나를 조용히 깎아내렸고
나는 나의 부족함을 탓하였고
당신을 부러워하며 나를 외면하였습니다

그러나 이젠 깨달았습니다
빛나는 당신과 마주 선 나는
단지 다를 뿐 더하거나 덜하지 않다는 것을

자존감은 비교에서 오는 것이 아니라
있는 그대로의 나를
인정하는 데에서 피어난다는 것을

수평선 너머로

출렁이는 파도여
내 말 없는 근심과 오래 묵은 불행을
네 깊은 품에 조용히 안아다오

끝없이 밀려오는 너의 물결 속에
내 마음의 무거운 그림자들이
서서히 씻겨 내려가길 바라며

멀리서 너를 바라보는 것만으로도
마음속 고민들이 부서져 사라질 것 같은
그 신비로운 너에게
나는 소리 없이 소리친다

부디 내 닿지 않은 상처와
잊지 못한 아픔까지도

네 푸른 품에 함께 실어
저 먼 수평선 너머로 데려다주오

여름

눈부신 햇살 아래
세상을 녹이던 너의 미소

그 찰나의 순간
너는 내 모든 여름이었다

노란 튤립

따스한 봄날
너를 닮은 노란 튤립이 피어 있었다

너는 그 꽃을 좋아했고
나는 그 꽃을 너에게 건넸다

그 꽃말이 이루어질 수 없는 사랑이라 했을 때
나는 우리 사랑의 끝을 어렴풋이 예감했다

그럼에도
그 사랑이 닿지 못한 것이
진정 이루어질 수 없는 사랑이었기 때문인지

아니면 그저 사랑이 아니었음을
스스로 부정하고 싶었던 것인지

아직도
분명한 답을 내리지 못한 채
그 꽃을 바라본다

운명

나와 당신은 어쩌면 운명이었을지도 모릅니다
그 차가운 겨울날의 만남은

우연이라기엔 너무 다정했고
필연적이라 믿고 싶을 만큼 따뜻했습니다

하지만 당신은 인연이라는 이름으로
우리를 조용히 선 안에 가두었고

나는 그 경계 앞에서
끝내 당신을 품지 못했습니다

우리의 사랑이 멈춘 이유가
나의 부족함이었는지
당신의 단단한 선이었는지

돌아볼 시간조차 없이
계절이 흘렀습니다

그리고 결국 우리는
서로에게 닿지 못한 채

사랑의 벽 앞에서
천천히 멀어져만 갑니다

꽃다발

당신이 좋아하는 꽃들로
조심스레 꽃다발을 만듭니다

당신의 마음에 닿길 바라며
당신이 사랑하는 말들로
시를 엮어봅니다

이것이 내가 할 수 있는
가장 진솔하고 온전한 표현임을 알고 있습니다

부디 내 마음이
오래도록 당신 곁에 머물 수 있기를

능소화

나는 여름에 피는
능소화를 좋아한다

초록 잎사귀 사이로
살며시 얼굴 내미는
주홍빛 능소화

그 강렬한 색이
무더운 여름을 더욱 빛나게 하기에

나는 여름을 좋아한다

경계에 선 감정

너와 나 사이
아직 이름 붙이지 못한 감정이
조용히 내 곁을 머물고 있었다

확신은 없었지만
서로의 말투와 눈빛 속에
작은 가능성들이 피어나고

마음을 열기엔 이른 듯하면서도
담아두기엔 아쉬운 마음이
숨결처럼 스며들었다

우리는 사랑과 우정 사이
그 어디쯤 머물며
서로를 조금씩 알아가려 애썼고

어느 날은 설렘이
어느 날은 불안이
조용히 마음 한편을 건드렸다

이름도 정의도 없지만
분명 존재했던 그 시간들

그 애매함 속에서
나는 너를 조금씩
진심으로 바라보게 되었다

겉모습 너머 나를 사랑해 줘요

조금 더 예뻤다면
사랑받기 쉬웠을까요

하지만 나는 알고 있습니다
진심은 눈에 보이지 않고

진짜 사랑은 겉을 지나
마음을 들여다본다는 걸

나는 보여지는 사람이 아닌
느껴지는 사람이길 원합니다

그러니 겉모습이 아닌
내 안의 고요함과 빛을 사랑해 주세요

한 송이의 꽃

당신은 꽃이 예쁘다며
조용히 한 송이를 내게 건넸습니다

그 순간 이후로
나는 그 꽃을 좋아하게 되었습니다

하지만 오래 지나고 나서야
문득 묻게 됩니다

내가 사랑한 것이
정말 그 꽃 한 송이인지
그 꽃에 담긴 당신의 마음인지

지금은
그 둘을 분명히 나눌 수 없다는 것이
그저 조용한 진실로 남아 있습니다

서로 다른 방향

우리는 서로 다른 방향에서
서로를 사랑하고 있어

그 방법이 확실히 잘못된 걸 알면서도
널 놓치기엔 너무 아름답고 소중했기에
서로 다른 방향에서도 서로를 사랑했어

길은 달라도 마음은 닿기를 바랐고
멀어져 가는 시간 속에서도 널 기억해

서로 다른 꿈을 안고 걸어가지만
우리의 사랑은 조용히 빛나고 있어

향기

그날은 향기로 남았다
너와 함께였다는 기억

그 자체가 나를 묶는 묵직한 이유였다
시간이 흐를수록 그 향기는 점점 더 선명해졌고

어떤 순간이었는지조차 가물거리지만
그 존재만으로 내 안에 남는다

그때의 우리는 어쩌면 서로에게
흔적만 남기려 했던 건지도 모르겠다

하지만 그 흔적은 어떤 말보다도 깊게
내 일상 속에 스며들었다

2부

흔들리는 마음

위로

모든 것이 무너져 내리는 순간에도
누군가는 조용히 다가와
그저 한마디 진심을 건네주었으면 한다

그 사람이 누구인지보다
그 어떤 말보다도

네 마음 가장 깊은 곳을 알아채고
그 아픔을 가만히 안아줄 수 있다면

그것만으로도 충분할 것이다
너는 그만큼 귀한 존재이기에

어떤 어둠 속에서도
네 빛은 사라지지 않는다

부디 그 진실을 잊지 말기를

공허를 닮은 사랑

그 사랑은
너무나도 공허를 닮아 있었다

무언가를 품은 듯 비어 있는
허공의 심장과 같았다
그 공허가 쌓여

결국 증오로 변했고
나는 너의 모든 것을
사랑할 수 없게 되었다

그리고 그 끝에서
우리의 사랑은
스스로의 무게에 부서져 내렸다

희망

누군가는 나를 사랑해 주길
누군가는 나의 서툰 모습마저 이해해 주길
그 작은 바람들은

어쩌면 나를
천천히 무너뜨리고 있었던 것 같습니다
붙잡아야만 살아갈 수 있을 것 같았던 희망이
되돌아보면 어느 순간

나를 지치게 하고, 나를 의심하게 하고
결국은 이루어지지 않는 미래를 향해
홀로 걸어가게 만들었습니다

그래서 나는 끝내
그토록 믿어 의심치 않았던 희망조차
원망하게 되었습니다

사랑

과연 사랑이란 이름으로
이토록 깊은 상처를 감내해야만 하는 걸까요

서로가 서로에게 상처를 주면서도
끝내 사랑받기 위해 저 깊은 바다 끝까지
헤엄쳐야만 하는 건가요

우리는 왜 서로의 마음에 상처를 남기면서까지
사랑을 고집하나요

흔적

그대가 내게 건넸던 편지들
손때 묻은 꽃 한 송이

내가 좋아했던 책들까지도
모두 그대의 마음이 담겨 있었습니다

그 모든 것들은
내가 몰랐던 나의 모습들을
그대가 조용히 알아가고 있었던 증거였어요

그대는 나보다도 나를 더 깊이 이해해 주었고
그만큼 나를 사랑해 주었음을
나는 이제야 깨달았습니다

그렇게 사랑의 흔적들은
지워지지 않는 시간의 무늬처럼
나의 마음 한편에 조용히 남아 있었습니다

조금은 나를 품어줘

네 마음에 조금은 내가 머물길
억지로가 아닌
자연스럽게 스며드는 사람이 되길

사랑을 구걸하듯 바라진 않지만
한 사람을 진심으로 사랑하는 마음이

때론 조용한 바람처럼
네게 닿기를 바랄 뿐이다

네 곁에서
사랑을 받을 수 있다면
그 이상 바랄 것도 없다

남겨진 마음

너는 나에게 상처를 남겼고
나는 그 상처 위에 사랑을 쌓았다

부서진 시간과 말들이 흩어져도
나는 여전히 너를 떠올린다

그때 너의 마음은 진심이었을까
아니면 스쳐 지나간 감정이었을까

지금 너는 나를 기억할까
아니면 잊혀진 이름일 뿐일까

멀어진 마음과 차가운 거리를 알면서도

내 안에 남은 그리움은
그 무엇보다 무겁고 깊다

아마도 그리움이란
상처보다 오래 머무르고
사랑보다도 더 진하게 남기 때문일 것이다

그래서 난 그 끝을 알면서도

너를 멈출 수 없는 걸지도 모른다

무기력

날씨처럼
흐려지는 마음

당신은
내 기분을
알고 있나요

당신도 나처럼
나를 생각할까요

난 요즘 당신 생각에 잠을 설치는 게
익숙해져 버렸어요

꿈도 당신으로 가득한
무기력한 밤이에요

조바심

가끔은 곁에 있는 이들이
조용히 멀어질까 봐 두렵습니다

새로운 사랑이
또 다른 상처가 될지도 모른다는 생각에
선뜻 마음을 열지 못하고

당신의 사랑마저
내가 기대는 것만큼 깊지 않을까
불안해집니다

이 두려움은 분명
누군가의 잘못이 아니라

오래도록 마음속에 쌓인
사소한 결핍에서 비롯된 것일 겁니다

나는 오늘도
사랑을 바라보면서
그 사랑이 스쳐갈까 봐 생기는 두려움에
조용히 마음을 다독입니다

혼자서 피운 사랑

상대의 마음이 내게 머무를지
끝내 돌아올지 알 수 없는 불확실함 속에서

나는 조용히 다가가 말을 건네고
사소한 순간마다 의미를 담아내었다

그런 애틋함은
한편으로는 간절한 희망이었고
또 한편으로는 자신을 다독이는 침묵이었다

누군가 알아주지 않아도
마음 한편에 자리한 그리움과 기다림은

무르익은 성숙함으로 견뎌내는
나만의 섬세한 사랑의 방식이었다

행복

행복이 찾아온 순간
문득 두려움이 따라왔습니다

이 모든 것이
언제 사라질지 모른다는 불안

지금의 기쁨조차
온전히 누리지 못하게 되어버렸고

행복을 지키고 싶다는 마음이
오히려 그것을 무너뜨릴까 봐
조심스러운 하루를 반복했습니다

그러기에 생각했습니다
두려움과 함께 있는 이 마음을
과연 행복이라 부를 수 있을지

다가갈수록

다가갈수록
당신은 멀어졌어요

내 마음과 달리
내 존재가 무거운 짐이었음을
이제야 알았습니다

네가 멀어지는 그 거리 앞에서
나는 묵묵히 서성입니다

어떤 말도 어떤 손길도
닿지 못하는 그곳에서
나는 그저 조용히
당신을 바라볼 뿐이기에

오늘도 깊은 밤
답 없는 질문을 품은 채
하루가 스쳐 갑니다

반복이라는 이름의 하루

반복되는 하루가
조금씩 나를 닮게 한다

익숙함 속에 무뎌지고
무뎌진 마음은 점점
삶의 온도를 잃어간다

그 속에서 유일하게 따뜻했던 너마저
이제는 내 곁에 없다

같은 날들이 버겁기만 한 지금
문득 그런 생각을 한다

너와의 하루는
몇 번을 되풀이해도
지겹지 않았다고

반복이라 불렀던 그 시간 속에
사실 가장 소중한 것이 있었다는 것을

너 없는 오늘에서야 비로소 알게 된다

유통기한

사랑에도
유통기한이 있나요

그댄 내가 부족해서 떠난 것인가요
아니면 서로를 향한 마음이 서서히
사라져 버렸던 걸까요

사랑은 조심스레 지켜야 하는
여린 약속이었을지도 모릅니다

그래서 묻습니다
사랑에 유통기한이 정말 존재하는 걸까요
아니면 우리의 마음이 그만큼만 닿았던 걸까요

점점 멀어지는 것

서로를 이해하지 못하고
이해하려 애쓰지 않는 우리

조용히 멀어져 가는 말들 사이에
안부 인사조차 스며들지 못했지

내 진심을 감추고
말할 용기조차 잃어버린
서로의 마음은 점점 멀어졌어

그렇게 우리는
어느새 서로의 기억 속에서
조용히 멀어지고 있었어

관심과 애정 사이의 착각

그대는 아무 일 아니라는 듯
잔잔한 말들을 흘렸고

나는 그 안에서
파도를 기다렸습니다

물살인지 마음인지 모를 것들에
나는 자꾸만 젖어 들었고

그대는 한 번도
물에 발을 담근 적 없더군요

사랑이란 말이
그토록 가벼운 줄 알았더라면
굳이 물속까지 따라 들어가진 않았을 텐데

닿지 않는 사랑

나를 조금 더 바라봐 주길
그 단순한 바람 하나 품은 채

당신이 나를 사랑할 수 없다는
그 쓸쓸한 현실 앞에 서서도

나는 묻고 또 묻습니다
어떤 걸 해야 당신의 마음에
닿을 수 있을지

그럼에도 나는
말없이 당신을 사랑하는 법을
스스로 선택합니다

3부

이별의 계절

무너짐의 순간

공들여 쌓아 올린 것들이
순식간에 무너질 때
나는 아무 말도 하지 않았다

허탈함과 함께
오랜 시간의 노력이
부서진 조각처럼 흩어졌고

그 자리에 남은 건
말할 수 없는 고요뿐이었다

그토록 애썼는데
그토록 견뎠는데
무너지는 건 늘 한순간이었다

그 순간 나는 묻고 있었다
이 모든 게 과연 무슨 의미일까

하지만 어른이 된다는 건
그 질문에 답을 찾기보다
무너짐조차 살아가는 일부로
조용히 받아들이는 일인지도 모른다

그래서 다시
아무렇지 않은 듯

나는 또 무엇인가
쌓기 시작한다

후회

후회는 늘
늦게 찾아와
가장 깊은 곳에서 마음을 무겁게 한다

시간이 흐를수록
그 무게는 더욱 짙어지고
견디기 어려운 슬픔이 된다

우리는 알고 있다
후회가 과거를 바꾸지 못한다는 것을
그럼에도 불구하고
또다시 후회의 늪에 머무른다

후회는 피하기 어려운 감정이며
때로는 성숙으로 나아가기도 하는
아픈 과정이라고 받아들여 본다

이별

이별은 언제나 깊은 상처로 남는다
시간이 지남에도 결코 익숙해지지 않고
마음 한편에 잔잔한 아픔으로 머문다

한때 내 전부였던 사람이
서서히 멀어져 가는 그 순간은
누구에게나 견디기 힘든 슬픔이다

함께 쌓아 올린 기억과 추억들이
다시는 돌아올 수 없다는 사실이
이별을 더욱 무겁고 애틋하게 만든다

비

네가 떠난 날
날씨는 유난히 더웠고
비는 마음처럼 무겁게 내렸다

사랑이 끝나던 그날
습기 어린 공기만이
우리 사이에 가득 차 있었다

우리의 마지막 순간은
덥고 눅눅한 빗속에서
조용히 사라져 갔다

그날의 비는
우리의 이별을 말없이 적셨다

그대의 부재 앞에서

당신이 이렇게 갑작스레 떠날 줄은 몰랐습니다
늘 곁에 있을 것처럼

익숙하게 내 하루 속에 머물던 당신이
조용히 웃으며 나를 바라보던 그 눈빛이
언젠간 사라질 거라 차마 생각 못했습니다

삶은 덧없고
사랑은 늘 그 끝을 알지 못한 채 시작되더군요
그래서일까요
당신의 부재는 현실보다도
더 비현실적이게 느껴집니다

내가 해주지 못한 말들이
이제야 마음속을 메우고
건네지 못한 손길들이
긴 후회로 남습니다

미안합니다 그대여
당신을 더 깊이 이해하지 못했던 시간들이
따뜻하게 안아주지 못한 날들이
이제야 무겁게 다가옵니다

이별의 징조

당신의 말들에
사랑의 온기가 사라지고

눈빛은 차갑고
멀어진 거리만을 말해준다

나는 묻는다
도대체 무엇이 우리를 이렇게 만든 것인지

무엇이 너의 마음을 이토록 멀어지게 하는지
왜 우리 사이에 침묵과 냉기가 스며들었는지

사랑했던 시간들은 어디로 사라져 버린 걸까

그 모든 질문에 답을 찾지 못한
나는 홀로 남아
그리움과 상처만을 안고 서 있다

시간의 무게

나의 시간은
온통 너였는데

이젠 내 곁에 없는 너 때문에
아니 더는 돌아오지 않는 너 때문에

모든 게 버겁고
숨조차 무거워졌어

함께한 날들이
나를 더욱 힘들게 해

시간조차 이제는
가벼운 위로가 아닌

감당하기 어려운 무게가 되어버렸어

고요한 밤의 위로

때로는 누군가의 위로보다
깊고 조용한 밤의 정적이 더 큰 위안이 된다

어둠 속에 감춰진 적막이
내 하루에 무게를 가라앉히고

밤이 지나 아침이 오는 순간조차
두려움으로 다가온다

그러나 그 고요한 밤은
내 마음의 상처를 천천히 어루만지고
흐트러진 감정들을 차분히 정리하게 한다

그리하여 새벽을 맞이할 용기와
내일을 살아갈 힘을 내게 건넨다

고요한 밤의 침묵 속에서
나는 가장 깊은 위로를 경험한다

그 위로는 말로 표현할 수 없는
가장 진솔한 성숙의 순간이다

사랑 또다시 이별

너를 사랑했다
그리고 다시 이별했다

사람들은 이별까지가 사랑이라 말한다
그 말이 맞는다면 사랑은 생각보다
더 고요하고 아픈 감정일지도 모른다

이별은 언제나 어렵다
잊은 줄 알았던 감정이 문득
마음 한가운데를 스쳐 가는 동안 고민한다

좋은 이별이란 게 정말 존재할까
아니면 우리가 그 고통에
이름을 붙이고 위로하려 애쓰는 것일까

영원이란 말 앞에서

한때는 우리가 오래도록
함께할 거라 믿었다

믿음이 아니라 바람에 가까웠지만
그 바람이 현실이 되길 바라였다

그러나 너의 눈빛이 달라지고
너의 말들이 조금씩 멀어지던 그날들 속에서
나는 조용히 천천히 받아들였다

영원은 약속으로 이루어질 수 없고
마음이 잠시 머무는 시간이라는 것을
그 마음은 언제나 변할 수 있다는 것을

이제는 안다
원하고 원했던 건 사랑이 아니라
사랑을 잃고 싶지 않았던 나였다는 것을

다시 만난 너에게

다시 만난 너에게
진심으로 사랑했다고

그 마음을 제대로 표현하지 못해 미안하다고
처음이라 완벽하지 못했던 나를 용서해 달라고

너의 예쁜 얼굴에
진심 어린 미소를 지어주지 못해 미안했었다고

말하지 못한 내 마음들을
이제야 조심스레 전하고 싶어

잔향

우리가 함께 웃던 향과
그 향기에 남아 있던 너의 숨결

그 모든 것이 이미 지나간 일임을 알면서도
나는 그 잔향 하나까지 쉽게 놓지 못했습니다

머물 수 없는 기억들이 차곡히 쌓여
조용히 나를 잠기게 하고
그 속에서 나는 여전히
너를 떠올리는 일에 익숙해져 갑니다

시간은 흘러가는데
마음은 아직 뒤에 머물러 있는 듯하고
이미 끝난 이야기임을 알면서도
그 끝을 완전히 받아들이기까지는
조금 더 시간이 필요하다는 것을
조용히 깨닫게 됩니다

사랑이 식어가는 계절

만약 사랑이 식어가는 계절이 있다면
그건 어떤 계절일까

당신이 내 곁에서 서서히 멀어지는 계절일까
아니면 내게 소홀해지는 계절일까

사랑이 식어간다는 말이
과연 진실인 건가

사랑이 변하는 그 시간 속에서
우리는 무엇을 놓치고
어떤 마음을 잃는 걸까

잊히는 속도

시간이 지나면
모든 건 조금씩 흐려진다고들 한다

사람도 말도 그날의 공기마저도
조금씩 잊혀야 한다고

하지만 너와의 기억은 이상하리만큼 또렷했다
익숙했던 웃음소리
함께 걷던 거리의 풍경
스쳐 간 말 한마디조차
아직도 제자리에 선명했다

세상은 쉽게 잊으라 했지만
나는 그 말처럼 되지 않았다

잊히는 속도는 사람마다 다르고
특히 사랑은 마음이 놓아줄 때까지 오래 머물기에

아마 너도 누군가의 기억 속 어딘가에서
아직 완전히 지워지지 않은 채
천천히 희미해지고 있을지 모른다

그게 우리가 사랑했던 시간의
끝맺음일지도 모르겠다

말하지 못한 말

당신에게 고맙다는 말을 전하고 싶었습니다

하지만 그 말이
생각보다 쉽지 않았습니다

짧은 한마디로는
그 시간을 다 품을 수 없을 것 같아서요

나는 감정을 숨기는 데 익숙했고
당신은 그런 나를 헤집지 않았습니다

그래서 많은 것이
조용히 지나갔습니다

헤아리지 못한 마음들도
말로 남지 않은 채로요

이제 와 돌아보니
말하지 못한 마음이
말보다 더 오래 남습니다

그러니 이 말
지금이라도 늦지 않았다면
조용히 두고 갑니다

당신이라는 시간에
참 고마웠습니다

거짓

너는 나를 위해
거짓을 선택한 것일까 아니면
스스로를 지키려 한 몸부림이었을까

어떤 이유로든
그토록 공들여 쌓은 거짓과
우리 사이에 남은 균열을
나는 묵묵히 마주한다

만약 그것이
우리의 미래를 위한 최선의 판단이었다 해도
그 선택이 진실보다 무거웠음을 안다

믿음

너이기에 의심 없이 믿었고
너이기에 온 마음 다해 사랑을 주었다

그 누구보다 다르기를
그 누구보다 다르게 나를 지켜주길 바랐지만
그 믿음은 결국 나를 깊은 상처 속에 가두었고

우리의 사랑은 그리하여 조용히
돌이킬 수 없이 끝났다

사랑 상처

사랑이란
어쩌면 상처의 다른 얼굴일지 모른다

사랑하면
상처받고 또 누군가에게 상처를 주는 게
불가피한 운명이라 믿었지만

그게 과연 진실인가
진심으로 서로를 사랑한다면
상처를 마땅히 피해야 하지 않을까

그런데 왜 우리는
사랑 속에서 자꾸만 아픔을 남기고
마음을 부수는 걸까

서로를 품고 지켜야 할 사랑이
왜 때로는 가장 깊은 상처가 되는 걸까

그 해답을 찾으려
매일 밤 생각했지만 알 수 없었다

한때의 약속

이별하지 말자고
서로 상처 주지 말자고

서로에게 소홀해지지 않기로
누구보다 서로를 사랑해 주기로
언제나 곁에 있어 주기로

그 모든 약속들이
그때는 너무나 뻔했지만

그래도 그 순간만큼은
진심이었음을 기억한다

4부

사랑 이후에 남은 것들

남긴 것

사랑이 나에게 남긴 것
불안 증오 두려움 그리움 추억

소원

당신도 나와 같은 소원을
밤하늘 별들에게 조용히 빌었으면 합니다

저 멀리 빛나는 그 별들 속에
우리의 바람이 가까워지길 바라며

당신은 그 별들에게
어떤 소원을 속삭이고 있을까요

기다림이 익숙해질 때

너의 연락을 기다리는 순간이
어느새 내 삶의 무게가 되었고

너와의 약속을 기다리는 시간은
조용히 나를 짓누르는 무거운 그림자가 되었다

내 하루는 온통
너를 기다리는 시간으로 가득했고

그 무거운 기다림 속에서
나는 언제나 너를 향해 마음을 열었다

서로 다른 사랑의 온도

나는 사랑의 온도를
서서히 높여 갔고

너는 조용히 온도를
서서히 낮추고 있었다

우리의 사랑 온도는
서로 너무 달라서 그 차이만큼
멀어져만 갔어

익숙함의 끝

익숙함의 끝은
과연 무엇일까요

아마도 익숙함이 모여
서로를 소홀히 하게 된 그 자리에서
이별이 시작되는 것은 아닐까요

익숙함에 기대어
잘해주지 못했고 익숙함에 젖어
서로를 챙기지 못했던 우리이기에

당신과 나 모든 것이 익숙해진 그 시간 속에서
우리는 결국 서로를 떠나보냈나요

서서히 놓아야 할 사랑
오로지 당신에게만은
늘 좋은 사람으로 남고 싶었습니다

진심으로 사랑했고
진심으로 아껴왔지만

돌이켜 보면 나는 결국
당신의 좋은 기억 속에 자리하지 못했어요

그 사실을 받아들이는 일도
사랑을 이해하려는 과정임을 알았습니다

상처마저

과거의 상처가
지금의 온전한 그대를 흔들게 두지 말아요

가장 빛나고 찬란한 순간에 있는 당신을
과거의 작은 어둠 때문에 잃지 않기를 바랍니다

지금의 당신은 무엇과도 바꿀 수 없는
아름답고 소중한 존재입니다

서로의 상처를 이해하며
함께 행복을 만들어 가길
진심으로 소망합니다

약속

서로의 청춘을 채우겠다는 말
영원이길 바랐던 다짐
상처를 주지 않겠다는 약속
서로에게 전부가 되겠다는 그 바람

우리는 알았습니다
그 모든 말들이 가벼운 허상임을

하지만 그래도 그때의 우리라는 이유만으로
바보처럼 그 약속을 했습니다

서로를 향한 그 믿음이 어리석었음을
시간이 지나 깨달았지만

의미 없는 약속이라 불러도
그 속에 담긴 진심만은
부정할 수 없는 진실로 남아 있으니

노력

그게 싫었습니다
밤새워 겨우 해낸 것이

남들은 쉽게 한 것이라는 것이
그럴수록 혼란스러웠습니다

노력이 재능을 이기지 못하는 것이 진실인지
아니면 재능이 노력을 이기지 못하는 것이 진실인지

진실이 무엇인지 모르는
나 자신이 더 버거웠습니다
내가 틀린 것인지 내가 부족한 문제인지

그 생각들이 하루 종일 내 머리를 잡아끌고
밤마다 가슴을 짓눌렀습니다

그래도 또 시도해 봅니다
어쩌면 이번엔 하고 또다시 시도합니다

나도 어쩌면, 이라고 말하며

만약 그게 노력이라면
나는 지금도 노력하는 중입니다

혼자만의 시간

너와 함께 보내는 시간에
내 모든 것을 내어주다 보니
나만의 고요한 시간이 사라져 버렸습니다

그리하여 어느새 너를 잃은 것과 함께
나 자신과 마주하는 시간도 잃고 말았습니다

잃어버린 나만의 시간을 되찾기 위해
이제 홀로 서서 내 안의 목소리에 귀 기울이고

봄은 잔잔한 바람으로 속삭입니다
아직 따뜻함이 남아 있다고

필연

그렇게 될 수밖에 없었습니다
아니 처음부터 그 결과를 알고 있었습니다

그저 모른 척하며
우연이라 믿고 싶었지만

결국 피할 수 없는 진실이었습니다
우리의 관계는 운명이자 필연이었습니다

사랑의 계절

나에게 사랑의 계절이란
당신과 함께 걸었던 사계절의 기억입니다

따스한 햇살 아래 피어난 봄날의 설렘
서로의 땀을 닦아주며 견뎌낸 뜨거운 여름
조용히 스며든 쓸쓸함에 서로 기대던 가을

그리고 차가운 바람 속에서
서로를 놓아야만 했던 겨울까지

그 모든 시간이 비록 다르지만
당신과 함께했기에
내게는 모두 사랑의 계절이 되었습니다

사랑이란 계절처럼 변해도
그 온기와 기억은 여전히
마음속 깊이 남아 있는 것입니다

조건 없는 사랑

너라는 존재 그 자체를
있는 그대로 사랑하는 것

그 어떤 조건도
바람도 없이 사랑하는 것

그런 사랑만이
시간의 흐름 속에서도 변치 않고

마음 깊은 곳에서
진실로 살아 숨 쉴 수 있다고 믿는다

조건 없는 사랑은
서로의 결점까지 품어내고
서로의 다름을 이해하는 일

때로는 말없이 곁에 있어 주는
가장 깊고 묵직한 마음이다

그런 사랑이야말로
진정한 사랑이라 부를 수 있을 것이다

침묵의 언어

때로는, 말보다 깊은 침묵이 있습니다
그 안에서 마음은 조용히 자라나고

눈빛 하나하나가 문장이 됩니다
침묵 속의 고요와 진심은
때로 모든 언어를 이깁니다

말하지 못한 사랑이 가장 오래 머물기에
우리는 그 침묵 속에서

서로를 알아보고 서로를 잃어가며
끝내 한 사람의 언어가 됩니다

다시 사랑하게 된 순간

다시는 사랑하지 않겠다고
다시는 상처받지 않겠다고
다시는 누구도 믿지 않겠다고
스스로 다짐했다

하지만 그 모든 결심은
네가 내 곁을 채워주는 순간
허물어지고 말았다

어쩔 수 없이 또 한 번
너를 사랑하게 되었다

책을 마치며

저는 누군가의 마음에 작은 위로와 행복이 닿기를 바라며 글을 써왔습니다. 제 글이 더 많은 사람들에게 전해지기를 바라는 마음은 늘 있었고, 그 바람이 조금씩 현실이 되어가는 지금 행복과 함께 설명하기 어려운 불안도 함께 찾아왔습니다. 누군가는 제 글에서 위로를 얻을 수 있지만, 또 다른 누군가에게는 그저 스쳐 지나가는 문장일 수도 있다는 사실이 저를 조심스럽게 만들기도 했습니다. 그럼에도 저는 계속 글을 쓰고 싶습니다. 제가 쓴 문장이 누군가의 하루에 잠깐의 위로라도 되길 바라기 때문입니다. 앞으로도 저는 저의 속도대로 글을 이어가며 더 많은 사람들에게 위로와 행복을 전할 수 있기를 희망합니다.

2025년 겨울
김지아 드림